Heinrich Hofmann

Armin

Operndichtung in vier Aufzügen

Heinrich Hofmann

Armin

Operndichtung in vier Aufzügen

ISBN/EAN: 9783743651395

Hergestellt in Europa, USA, Kanada, Australien, Japan

Cover: Foto ©Thomas Meinert / pixelio.de

Weitere Bücher finden Sie auf **www.hansebooks.com**

Armin.

Operndichtung in vier Aufzügen

von

Felix Dahn.

Musik von Heinrich Hofmann.

Leipzig,

Druck und Verlag von Breitkopf und Härtel.

1880.

Alle Rechte vorbehalten.

Caniturque adhuc barbaras apud gentes.

Tacitus, annal. II. 88.

Meinem lieben Freund

Heinrich Hofmann.

Personen.

Quinctilius Varus, Feldherr und Statthalter der Römer in Germanien. (Baß)
Fulvia, seine Tochter. (Sopran)
Numonius Vala, } seine Legaten. { (Tenor)
Lucius Cäcidius, } { (Baß)
Armin. (Tenor)
Segest. (Baß)
Thusnelda, Segest's Tochter. (Sopran)
Katwald, ein Skalde, Armin's Freund. (Baryton)
Arpo, Fürst der Marsen. (I. Baß)
Brinno, Fürst der Tubanten. (I. Tenor)
Malvend, Fürst der Brukterer. (II. Tenor)
Vangio, Fürst der Hermunduren. (II. Baß)
Albrun, eine junge Priesterin. (Sopran)
    Römische und germanische Heerführer und Krieger.
    Römische Liktoren, Sklaven und Sklavinnen.
    Germanische Mädchen und Frauen.

Zeit der Handlung: Im Jahre 9 nach Christus.

Ort der Handlung:
I. Aufzug: Lager der Römer um ihr Castell Aliso.
II. „   Die Burg des Segest.
III. „   Castell Aliso, dann germanischer Opferhain in der Nähe.
IV. „ a. Waldverhau: Waffenplatz Armin's, dann:
        b. Schlachtfeld im Teutoburger Wald.

Erster Aufzug.

Im Lager der Römer vor ihrem Castell Aliso. Links (links und rechts stets von der Bühne aus gedacht) an der ersten Coulisse vorn das Prätorium, das Feldherrnzelt des Varus, mit dem auf mehreren Stufen erhöhten Tribunal. Auf dessen Höhe aufgesteckt die drei Legions-Adler und zahlreiche Verilla, Fähnlein und Standarten der Cohorten und der Reitergeschwader: reichste Entfaltung kriegerischer Pracht des Römerthums. — Auch im Mittelgrund römische Zelte. — Im Hintergrund das hoch ragende Castell mit zwei Rundthürmen, einem starken Thor, einem Wall mit Zinnen, auf welchem römische Wachen auf und nieder gehen und abgelöst werden: Eindruck starker, das Land beherrschender Zwingburg. — In dem offnen Zelt des Feldherrn eine reich mit Gold- und Silbergeräthen (wobei der Hildesheimer Silberfund als Muster dient) besetzte Tafel: um dieselbe auf Polstern malerisch gelagert Varus, Fulvia, Armin, Segest, Lucius, Vala, römische und einzelne germanische Heerführer. — Gegenüber rechts vorn an einem Marmortisch trinkend (sitzend, nicht nach römischer Sitte liegend), Arpo, Brinno, Malvend, Vangio; bei ihnen steht, die Harfe im Arm, Katwald. — Die ganze Bühne ist von römischen

Kriegern und wenig zahlreichen Germanen, den Gefolgen der Fürsten, erfüllt, — reich gekleidete römische Sklaven und Sklavinnen gehen bedienend in dem Feldherrnzelt ein und aus. Lictoren mit Ruthenbündeln und Beilen umstehen das Tribunal.

Erste Scene.

Chor der römischen Krieger

(sie halten flache Trinkschalen in den Händen, welche sie erheben und leeren, Sklaven und Sklavinnen schenken ihnen wieder ein).

Ewige Götter!

Römische Götter!

Lob euch und Dank:

Völlig den Erdkreis

Habt ihr der Macht des

Cäsars gebeugt.

Weh den Besiegten!

Weh den Barbaren!

Mars und Triumph!

Selbst die Germanen

Hastdu gebändigt,

Ewiges Rom!

(Sie schließen mit übermüthigen Geberden wider die deutschen Fürsten.)

Arpo.

Sollen die Schmach wir noch länger ertragen?
Freiheit und Rache, wann werdet ihr tagen?

Katwald.

Harrt noch, ihr Freunde! Vertrauet Armin!

Arpo.

Sieh' in dem Netze dort Fulvia's ihn!
Sieh' ihn, das Haupt wie ein Römer bekränzt!
Sieh', wie in römischen Waffen er glänzt!

Die Fürsten und Chor.

Trägt er den Ring doch der römischen Ritter!
Sieh', wie er gleißet in römischem Flitter!

Katwald.

Kennt ihr die Art nicht der Donar=Gewitter?
Rasch aus dem Himmel, der jüngst noch gelacht,
Krachen sie nieder mit malmender Macht!

Arpo
(nach der Coulisse links im Hintergrund sehend,.

Welch' neue Scharen! Seht! Wird's nie zu Ende gehn?

Katwald

(in die Harfe greifend).

Kennt ihr das Trostwort nicht
German'schen Heldenthums?
„Je dichter steht das Gras,
„Je dichter steht der Feind —
„Je besser lohnt — das Mäh'n!"

Zweite Scene.

Aufmarsch römischer Legionen, geführt von je zwei Centurionen; sie marschiren in der Diagonale von links hinten nach rechts vorn bis dicht an den Tisch der Fürsten und umstellen dann die ganze Bühne in einem gegen das Publikum offnen Rechteck.

Chor der römischen Legionen.

Durch Alpen-Schnee, durch Parther-Sand
  Mit immer stätem Schritte
Wir tragen mit das Vaterland
  Und Römer-Recht und -Sitte.

Und wo der Feldherr Lager schlug,
  Da mag uns Heimath werden, —
Wir folgen unsrer Adler Flug
  Und unser ist die Erden.

Und nach dem Sieg, das Schwert gesenkt
    Und Pflug geführt und Spaten:
Das Land, das römisch Blut getränkt,
    Wird römischer Penaten.

Am Euphrat und am Donau-Strom
    Blüht schon der Dienst der Laren,
Und rings erwächst ein kleines Rom
    Zum Schrecken der Barbaren.

Wir bauen Straßen von Granit,
    Die noch in fernsten Tagen
Den ehr'nen Schritt, den Sieges-Schritt
    Der Schlacht-Cohorten tragen.

Denn uns ist aus Orakel Mund
    Das Schicksalswort verkündet:
„So ewig steht im Erdenrund
    Das Römer-Reich gegründet" —

„So ewig ziehn von Pol zu Pol
    Sieg-jauchzend die Legionen,
Als auf bethürmtem Capitol
    Die ew'gen Götter thronen!"

(Varus und die mit ihm Tafelnden erheben sich von ihren
    Sitzen und treten aus dem Zelt ins Freie.)

Segest.

Ja, fest gegründet steht der Römer Macht.
Doch oft bricht Feuer aus des Abgrunds Tiefen,
Die Erde thut sich auf und ungeduldig
Schlingt sie der Menschen stärksten Bau hinab.
(leise, zu Varus allein)
Trau' nicht dem Jüngling mit dem Flammenblick,
O Varus, sieh dich vor: trau nicht Armin!
In seiner Brust schläft tief verhalt'ne Gluth: —
Weh dir, bricht flammend aus dies Feuer-Meer.

Varus.

Du bangest stets! — Nie bangen Rom und Varus!
(leiser, zu Segest allein)
Doch bald stell' ich ein Netz den Fürsten allen,
Blind werden sich die Unvorsicht'gen fangen,
(auf die vier Fürsten deutend)
Die Trotz und Groll und plumpe Kraft dahin reißt,
Dann schick' ich sie nach Rom und in den Tod:
Geht auch Armin mit ihnen in die Falle,
Bei Jupiter, — ihr Schicksal soll er theilen.
(auf Fulvia deutend)

Doch sieh, ihn halten and're Netze schon
Und nur dein Haß ist deines Argwohn's Grund. —
(zu Armin sich wendend, den Pokal erhebend)
Heb' den Pocal, Armin, Cherusker-Held:
Dem Genius sdeAugustus! Thu' Bescheid! —

Armin
(thut Bescheid in hoher innrer Erregung).
Dem Genius des Augustus! Sieg mit ihm!
(leiser, tief leidenschaftlich)
Der Genius des Augustus — der bin ich!
Sein böser Genius! — Sieg trink ich mir selbst!

Fulvia
(für sich).
O Venus, Venus — gieb mir endlich Sieg.
(zu Armin leise)
Hört, Fürst Armin, oft habt ihr ausgeschlagen
Vertraute Zwiesprach, die ich leis' euch bot:
Doch diesmal lad' ich euch aus tief'rem Ernst
Zur Sonnwend-Nacht, die festlich ihr begeht,
Geheim in dieses Schloß, in mein Gemach:
   Dort sollt ihr hören, was nicht Fulvia,
   Was euch und eures Volkes Schicksal gilt.

Armin
(für sich).

Ernst spricht aus ihr! Tief birgst du dich, o Varus:
Doch was du planst — dein Kind soll mir's enthüllen.
(zu Fulvia)
Zur Sonnwend komm ich, brennt das erste Feuer.

Varus.

Hört mein Gebot, ihr Fürsten der Germanen,
Daran ich eure Treu' erproben will:
Schwer seid ihr bei Augustus all' verklagt:
Empörung, Abfall sinnet ihr von Rom.
Ich weiß, ihr seid uns treu. — Doch schlimmen Arg=
wohn
Nährt stets die alte Sitte eures Volks:
Zur Nacht in Waffen euch an Wald=Altären
Gleichwie zu Krieg und Aufruhr zu versammeln. —
Deßhalb verbiet' ich euch bei Todesstrafe
— Lictoren, hebt die Bündel mit dem Beil! —
(es geschieht feierlich und malerisch)
Zur Nacht in Waffen euch im Wald zu scharen:
Beim Zorne Roms! Wer's wagt, den trifft das Beil!
(allgemeiner Unwille unter den Germanen, außer Armin)

Segest
(leise zu Varus).

Was thut ihr, Herr? Das Sonnwendfest ist nah!

Varus
(leise zu Segest).

Ich weiß, sie lassen schwer vom alten Brauch!
Ich kenne sie — dann wehe den Empörern:
Für Viele wendet blutig sich die Sonne.

laut

Lebt wohl, ihr Fürsten! Fulvia deine Hand!

Varus mit Fulvia (welche noch Armin einen Blick zuwirft, den dieser erwidert), Segest, den beiden Legaten und den Römern zieht feierlich ab in die Burg.

Dritte Scene.

Vorige ohne die Römer und Segest.

(Der mit Mühe zurückgehaltene Zorn der Germanen bricht nun aus.)

Die vier Fürsten.

Wie? Unsrer Götter geheiligte Nächte
Sollen wir nicht mehr feiern im Hain?
Wehrlos, entwaffnet soll unsre Rechte,
Das Eisen darin nur die Fessel mehr sein?

Die Fürsten und Chor
(zu Armin).

Willst du noch länger zögern und träumen?
Willst du noch länger sinnen und säumen?

Katwald
(in die Harfe greifend).

Wahrlich, mir selber währt es zu lang.
Springe die Fessel, — die Saite sprang!
(er zerreißt eine Saite.)

Alle
(außer Armin).

Führ' uns, Armin! In den Kampf! In die Schlacht!
Sollen wir länger die Schmach noch ertragen?
Laß uns das Joch, das verhaßte, zerschlagen!

Armin
(weist auf das Kastell, auf dessen Zinnen eine starke Schar Römer, welche dem Varus das Geleit gegeben, mit Segest und den beiden Legaten wieder sichtbar wird).

Seht um euch! Wir sind in der Feinde Macht!
   Wollt ihr an diesen granit'nen Wällen
   In thörigem Anprall die Häupter zerschellen?
   Das wünschte ja Varus! willfahrt ihm nicht!
Nur tiefere List ihre Tücken bricht

Und des Volkszorns tief verhaltene Kraft,
Die endlich sie Alle danieder rafft:
Wie wenn allverderblich plötzlich daher
Über die Dämme donnert das Meer.
Still betet zu Wodan, dem Gotte des Sieges,
Dem unergründlichen Planer des Krieges:
Ist die Stunde gereift, die Entscheidung genaht,
Reißt Donar euch vorwärts zu stürmender That!

Chor.
Ist die Stunde gereift, die Entscheidung genaht,
Reißt Donar uns vorwärts zu stürmender That!

Vierte Scene.

Segest mit Gefolge aus dem Castell zurückkehrend. Vorige.

Armin.
Zum letzten Mal, Segest, leg' ab den alten Groll!

Segest.
Dann legt' ich ab mich selbst: Groll macht den Mann
erst voll.

Armin.
So lang Cherusker sind —

Segest.

Der Kühne will mein Kind!

Armin.

Grollt dein und mein Geschlecht —

Segest.

Das ist der Fürsten Recht!

Armin.

Dabei verdirbt das Ganze.

Segest.

Das dient nur Fürsten-Glanze!

Armin.

Ich biete dir Versöhnung.

Segest.

Ist süßeste Gewöhnung
Vererbter Haß doch Helden.

Armin.

Gieb mir dein Kind Thusnelden,
Sie liebt mich! Sie werde mein!

Segest.

Bei Hela's Schrecken: Nein!
Lieber dem Abgrund, den Göttern der Nacht!

Armin.

Hüte dich denn vor der Liebe Macht!

Segest.

Hüte dich du vor des Römers Waffen!
Ehe die Sonne des Sommers sich wendet,
Wird sie — ihm hab' ich mein Wort verpfändet —
Wird sie zu eigen Numonius Vala.

(Segest ab.)

Armin.

Ha, Flammen und Schwert! — Doch ich muß schweigen:
Muß den Gluthstrom im Busen dämpfen:
Denn für mein Volk nur darf ich kämpfen:
Sei Glück und Liebe drum verloren —
Germania frei! — ich hab's geschworen.

Fünfte Scene.

Beide Legaten kommen mit zahlreichen Römern aus dem Castell; — die Vorigen.

Vala.

Zu Ende geht das Fest — es sinkt der Tag,
Doch schweigt noch der Germanen Harfen-Schlag.
(höhnisch)
Man rühmt euch hoch, ihr freiheitstolzen Sänger:
Ich sing' euch vor — wohlan, singt nach! Nicht säumet länger.

Über all Germanen-Land
Spannen wir das ehrne Band,
 Thurm, Castell und Mauern:
Wohl in ihren Wäldern bang,
Schwer gedrückt von Ketten-Zwang,
 Mag Germania trauern!

Schwingt die Ruthen, schwingt das Beil,
All zu der Germanen Heil,
 Schwingt sie hoch, Lictoren:
Färbet eures Purpurs Gluth,
Dunkler in Germanen-Blut,
 Rom's Triumphatoren!

Blonde Zöpfe, goldnes Har,
Weiße Glieder, Augen klar
 Preis' ich an Thusnelden:
Aber für Barbaren nicht
Leuchtet solcher Schöne Licht —
 Nur für Römer-Helden.

Armin
(an's Schwert fahrend).

Dein Blut, Verruchter! — Halt, Armin, halt ein,
Dein Volk! Dein Volk! — Es muß getragen sein.

Katwald.
Kannst du den Schändlichen athmen lassen?

Armin.
Rom, nicht Römer nur gilt es zu hassen,
Bald soll sie All' das Verderben erfassen!

Vala
(zu Lucius).

Sind sie denn gar nicht zum Schlagen zu bringen?

Lucius
(zu Vala).

Lieben es sonst doch vor allen Dingen.

Vala.
Schlagen sie los, so sind sie verloren.

Lucius.

Scheint mir, ein Kluger mäßigt die Thoren.

Vala.

Aber die Sänger sind nicht zu bänd'gen,
Die Thörigsten sind sie aller Lebend'gen!

Vala
(zu Katwald in höchstem Hohn).

Sag', du Sänger, bang und zag,
Warum schweigt dein Harfen=Schlag?
Wohin schwand dein Liedes=Ruhm?
Ei, hat Rom dein Sängerthum
Auch in Furcht geschüchtert?

Katwald
(in lebhaftem Zorn).

Dir sing' ich Antwort, Römer=Held:
Gieb Acht, ob dir mein Sang gefällt! (Er greift in die Saiten)

Thor stand am Mitternacht=Ende der Welt,
   Die Streit=Axt warf er, die schwere:
„So weit der sausende Hammer fällt,
   Ist mein das Land und die Meere!" —

Und es flog der Hammer aus seiner Hand,
Flog über die ganze Erde,
Fiel nieder am fernsten Südens Rand,
Daß Alles sein eigen werde.

Seitdem ist's freudig Germanen-Recht,
Mit dem Hammer Land zu erwerben:
Wir sind von des Hammer Gottes Geschlecht
Und wollen sein Welt-Reich erben.

Und was den brausenden Waldstrom hemmt,
Und was den Germanen entgegen sich stemmt,
Das goldene, eiserne, römische, Joch —
Wir tragen es noch — bald brechen wir's doch!

(Schon während des Liedes hat kriegerische Begeisterung die Germanen ergriffen, mit Mühe hat Armin sie nach den ersten Strophen noch hin und hereilend beschwichtigt, jetzt aber brechen sie los:)

Chor.

Wir tragen es noch — bald brechen wir's doch!
Auf! schwingt die Waffen! in den Feind gefahren!

(Sie ziehen die Schwerter, schwingen die Äxte und Speere und dringen auf die Römer ein.)

Vala, Lucius und Chor der Römer.

Ha! haben wir euch? nun weh den Barbaren!

(Der Kampf beginnt auszubrechen.

Armin
(springt zwischen die Kämpfenden, schlägt mit dem Schwert dem Arpo den Speer, dem Lucius das Schwert aus der Hand und trennt die Streitenden).

Halt! Nieder die Waffen! Aus der Streit!

(zu den Römern)

Hoch des Augustus Herrlichkeit!

(zu den Germanen, leise)

Geduld ihr Genossen! bald kommt die Zeit!

Chor der Römer.

Ewige Götter!

Römische Götter!

Lob euch und Dank:

Völlig den Erdkreis

Habt ihr der Macht des

Cäsars gebeugt.

Weh' den Besiegten!

Weh' den Barbaren!

Mars und Triumph!

Selbst die Germanen

Hast du gebändigt,

Ewiges Rom!

Chor der Germanen.

Geduld, ihr Genossen; bald kommt die Zeit!
Ist die Stunde gereift, die Entscheidung genaht,
Reißt Donar euch vorwärts zu stürmender That!

Gruppe.

Die Fürsten.   Armin.   Die Legaten.
Die Germanen.   Die Römer.

Der Vorhang fällt.

Zweiter Aufzug.

Thusnelda's Gemach in Segest's Burg. Einfacher, sehr schwerer Holzbau. Bemalte Holzpfeiler. Querbalken des Daches roh geschnitzt, Thiergestalten, Drachen, Blumen. Schwere Truhen. Niedrige geschweifte Holz=Schemel, darüber Teppiche. Spindel und Flachs, anderes Arbeit= und Schmuck=geräthe der Frauen an der Wand in offenen Verschlägen. In der hinteren Seitencoulisse rechts ein breites erkerähnliches Fenster ohne Glas mit halb zurückgeschlagenem Vorhang. Geradeüber links und vorn rechts eine Thür. Volles Mond=licht steht über dem draußen sichtbaren Eichwald. An dem Mittelpfeiler brennt eine Fackel in eiserner Öse.

Erste Scene.

Thusnelda allein.

(Sie lehnt träumerisch hinausblickend an dem offenen Fenster.)
(Der Vorhang erhebt sich, während das Orchester noch spielt; träumerisch sehnsuchtvolle Mondnacht.)

Über des Eichwalds

Wogende Wipfel

Hin und wieder
Fluthet das Mondlicht,
Fluthet die Sehnsucht!

Grüße, du bleiche,
Schweigende Gottheit,
Sehnender Liebe,
Treue Vertraute,
Grüße den Fernen,
Grüße den Freund.
Werd' ich ihn jemals
Wieder erschauen?
Trägt ihn der Liebe
Muthige Schwungkraft
Über den Haß der
Beiden Geschlechter
   Sieghaft zu mir?

Oder verwelkt in
Zehrender Sehnsucht
Öde mein Leben?

Komm, o Geliebter!

Der du dein Volk zu
Retten gelobt hast,
Willst die Geliebte
Lassen verzagen?

Komm, o Geliebter!

Wehe, Thusnelda! Wie wagst du zu wünschen?
Sehnst du dir selbst den Entführer herbei?
Über des Hauses geheiligte Schwelle,
Über der Jungfrau bebende Scheu,
Willst du hinweg mit verwegenem Schritt?

O, wie verwirrst du doch mächtig den Mädchen,
Freia, den sehnenden, sehnenden Sinn! — —

(Geräusch vor der Thüre rechts)

Wer naht so spät noch meinem Frau'ngemach?

Zweite Scene.

Thusnelda. Segest. Rumonius Vala.

Segest.

Nicht längern Aufschub duld' ich mehr, Thusnelda!
Du wolltest nicht versteh'n des Vaters Winke, —
Gehorchen wirst du seinem Machtgebot:

Vala Numonius, dieser edle Römer,
Warb lang um dich — ihm gab ich deine Hand.

Thusnelda.
Niemals werd' ich des ungeliebten Mannes,
Des Römers Weib, der unsres Volkes Feind!

Vala
(für sich).

Mein Weib soll sie nicht werden, die Barbarin!
Hab' ich sie erst am Tiberstrom daheim —
Der Kaiserin schenk' ich ihr gelbes Har.

(laut)

Kein Römer ist der schönen Frauen Feind!
Reicht mir die Hand — (sich ihr nähernd) bald werd' ich
      euch bekehren.

Thusnelda
(macht eine trotzig abweisende Bewegung).

Hinweg von mir!

Segest.
Das ist der Trotz, den sie Armin gelehrt.
Der Thor! Er wagte, ihre Hand zu fordern.

Vala.
Ihm die Geliebte rauben — doppelt süß!

Thusnelda.

O Vater, längst sein eigen ist mein Herz!

Segest.

Das soll dir eh' zerspringen in der Brust,
Als unsers Hauses Erbfeind dich gewinnt.

Thusnelda.

Es sei! Versage mich dem größten Helden,
Der je Germaniens Waldes=Kraft entsproß —
Doch gieb mich dem verhaßten Feinde nicht.

Segest.

Du wirst sein Weib!

Thusnelda.

Erbarmen, Vater!

Segest.

Schweig', mein Wort bleibt steh'n:
Schon morgen rüst' ich dir das Hochzeitfest.

Vala
(im Abgehen).

Bald, schöne Beute, führ' ich dich nach Rom.

Thusnelda.

O Vater, Vater! Höre mich! Erbarmen!
(Segest weist sie an der Thüre zurück. Beide Männer ab. Thusnelda bricht an der Thürschwelle zusammen und bleibt geraume Zeit liegen.)

Dritte Scene.

Thusnelda
(allein).

(Nach einiger Zeit hört man von Außen vor dem offnen Fenster den Lockruf des wilden Schwanes.)
(Thusnelda erhebt sich lauschend.)

Horch! was war das? Des wilden Schwanes Ruf!

(wiederholter Schwanenruf von Außen)

Ach, unsrer Liebe leis' vertrauter Gruß!

(wiederholter Schwanenruf,

Sein Gruß! Sein Ruf! Er ist's! Er naht! Armin!
(eilt an das Fenster.)

Armin
(singt von Außen unterhalb des Fensters, anfangs noch fern, dann rasch näher kommend):

Gefangen von Menschen die Schwänin lag,
  Die Schwingen zusammen gebunden.
In Trauer verrann ihr Tag um Tag,
  Sie hoffte nicht mehr zu gesunden.

Thusnelda.

Ja, seine Stimme! Unser süßes Lied!
(sie antwortet, zum Fenster hinaus singend:)
Da hörte sie's draußen durch's Dunkel der Nacht,
Wie Schwanen-Fittige rauschen:

Armin.

Der Wildschwan lockte mit Macht, mit Macht —

Thusnelda.

Sie harrte mit sehnendem Lauschen.

Armin
(jetzt viel näher und kräftiger).

Und näher und näher drang sein Ton —

Thusnelda.

Da regte sie muthig die Schwingen;

Armin und Thusnelda.

Da fielen die Bande — sie sind entflohn —
Durch die Nacht mit Rauschen und Klingen.

Vierte Scene.

Es wird von außen eine Leiter, über die Fensterbrüstung ragend, angelehnt: Armin und Katwald steigen herein.

Katwald verläßt bald darauf, nachdem er an der Thür
links gelauscht, durch die Thür rechts die Bühne, kommt
jedoch bald zurück.

Thusnelda. Armin. Katwald.

Thusnelda.

Geliebter, du! welch' tödtlich Wagniß — flieh!

Armin.

Ich fliehe nur mit dir; o komm, Thusnelda!

Thusnelda.

Entfliehn? Mit dir? Des Hauses Götter zürnen.

Armin.

Du bist verloren, wenn du zögerst! Flieh!

Katwald.

O säume nicht! Entflieh mit uns, Thusnelda!

Armin.

Willst du des Römers Siegesbeute werden?
Mein Roß harrt unten in dem Eichenbusch —
Es trägt uns schnell hinweg —

Thusnelda.

    O Herd des Hauses!
Soll ich verstohlen, nächtlich dir entfliehn?

Armin
(verzweiflungsvoll).

So liebst du mich nicht mehr?

Thusnelda.

Armin! Geliebter!
Kennst du Thusnelden's ew'ge Liebe nicht?
Und ob die Sterne ließen ihren Glanz, —
Thusnelda läßt von ihrer Liebe nicht!
Sie bräche leuchtend noch durch Hela's Nacht.

Armin.

So folge mir! Soll frech des Römers Mund
Mit übermüth'gen Küssen dich entweihn?
Willst du in seinem Arm dich zitternd winden,
Armin's gedenken und vor Scham vergehn?

Katwald
(an der linken Thür lauschend).

Ich höre Schritte? Fort! Wir sind entdeckt!

Armin
(durch die Thür rechts rufend).

Freunde, herbei!

Thusnelda
(sich an Armin's Brust werfend).

Ich folge dir! Dein! Dein auf Tod und Leben!
(zwei Germanen erscheinen an der Thür; Armin führt ihnen Thusnelda zu, diese und die Germanen ab)

Katwald.
Fort, fort! Verlöscht das Licht!
(verlöscht das an dem Mittelpfeiler in eine Öse gesteckte Fackellicht. Es wird dunkel)

Alle drei.
Rasch fort! Hinaus! Hinweg!
Beschirmt nun unsre Wege
Der Nacht, der List, der Liebe,
Gewalt'ge Götter ihr!

Vierte Scene.
Armin, Katwald (an der Thür rechts). Segest, Vala und zwei Römer stürmen von links herein.

Segest.
Räuber! Entführer! Mädchenbethörer!

Vala
(Armin erblickend).

Nieder mit dir, verhaßter Barbar!

(Segest und Katwald, Vala und Armin werden handgemein: gleich darauf fallen Segest und Vala schwer getroffen ihren Leuten in die Arme)

Katwald
(bei dem Streich, der Segest niederwirft).

Da! Nimm den Brautschatz, Vater Segestes!

Armin
(bei dem Streich, der Vala verwundet).

Da! Nimm Thusnelden's Abschiedsgruß!
(während die Römer mit den beiden Verwundeten beschäftigt sind, entweichen Armin und Katwald)

Vorhang fällt.

Dritter Aufzug.

Gemach Fulvia's in dem Römercastell Aliso. Steinbau: reiche römische Ausrüstung; nur in der Mitte eine Thür. Links in der 1. Coulisse ein praktikables Fenster mit breitem niedren Steinsims, ohne Glas, durch Vorhang geschlossen. Rechts vorn ein mit Purpurteppichen und Polstern reich geschmücktes Lager; davor ein niedrer Marmortisch mit Gold- und Silber-Pokalen und Mischkrügen. Vier Candelaber mit bunten Flammen. Dreifüße. Opferschalen. Rings Marmor, Gold und Elfenbein. Mosaiken auf dem Fußboden. Fresken — pompejanische Wandmalereien. Der ganze Luxus der römischen Cultur im Gegensatz zu der Schlichtheit im Gemach Thusneldens. Fulvia, reich geschmückt, in üppiger Tracht, allein, steht am Fenster und späht hinaus.

Erste Scene.

Fulvia.

Entglommen schon sind auf den Bergen die Feuer,
Rings zu dem Licht-Gott fleh'n die Germanen.

(den Vorhang fallen lassend, leidenschaftlich) von dem Fenster
hinweg, in die Mitte nach vorn eilend)

Ich auch flehe zu jenem Gott,
Den ich allein von den Himmlischen ehre:
Höre mich, Amor, bogengewalt'ger,
Lächelnd die Männer bezwingender Gott!
Beuge dem stolzen Cherusker den Nacken,
Welcher bisher dein Scepter verschmäht:
Laß ihn an Fulvia's Busen erglühen!
Laß ihn von diesen schimmernden Armen,
Eng, den Bezwungnen, umschlungen werden!
Laß ihn in seligem Rausche vergessen,
Mund an Mund in brennendem Kuß,
Laß ihn vergessen Freiheit und Freunde
Und sein barbarisches Vaterland.

(sie zieht ein Bernsteinfläschchen aus dem Busen)

Segnet mir, Himeros, Eros und Anteros,
Segnet den magischen Liebes=Trank; —
Daß ihm die Sinne, wonneversunken,
Unter Fulvia's Küssen vergeh'n.

Zweite Scene.

Fulvia. Eine Sklavin. Gleich darauf Armin.

Sklavin erscheint an der Thür im Mittelgrund, stumm meldend.

Fulvia.

Ist er's? (Sklavin nickt.) Führ' ihn herein und schließe
Von außen leise das Gemach.
(Sie schüttet den Liebestrank aus der Bernstein=Phiole in einen Goldbecher.)
(Sklavin ab, Armin tritt ein.)

Armin
(auf der Schwelle, für sich, leise).

Vergieb, Thusnelda's reiner Schutz=Geist, mir:
Du weißt, was ihren Gatten führt hieher —
Entreißen muß ich ihr des Varus Plan!
(zu Fulvia)
Gegrüßt, o Herrin! Schönste Tochter Roms!
Ich kam auf deinen Ruf: sobald am Berghang
Entglomm das erste Feuer, eilt' ich her:
Nun sprich: was wollt'st du heimlich mir vertrau'n?

Fulvia
(für sich).

Schweigt noch, im wogenden Busen, ihr Stürme!
Halte zurück noch, du lodernde Gluth!

Armin
(für sich).

Wär' ich zurück aus dem schwülen Gemache!
Waldesluft! Himmelsluft! Wär' ich zurück!

Fulvia
(für sich).

Bald wird der Spröde, von Liebe gebändigt,
Werbend mir, bittend, umflammern die Knie.

Armin
(für sich).

Friedlich schon schlummert daheim nun Thusnelda!
Hört' ich der Träumenden Athem doch wehn!

Fulvia
(zu Armin, ihm nach vorn winkend).

Ahnt nicht Armin, des Waldes rauher Sohn,
Welch' süß Geheimnis schweigend seiner harrt?
Verehrt nicht ihr der Liebe Göttin auch?
Kalt ist sie wohl, die Venus eures Landes,
Den kalten blonden Frau'n der Weser gleich.
Was wißt ihr von der gold'nen Aphrodite?

Armin.

Der Liebe Göttin ist uns wohl bekannt:
Zugleich der Treue Göttin ist sie uns.

Fulvia.

Der Schönheit süßen Reiz, kennt ihr ihn nicht?

Armin.

Wie sollten wir das Herrlichste nicht kennen!
Ward Freya niemals dir genannt?
Hoch preisen Frauen-Schönheit unsre Lieder,
Doch höher noch der Frauen Züchtigkeit. —
Verzeiht mir: nicht zu müß'ger Zwiesprach kam ich:
Ihr wolltet wicht'ge Kunde mir vertrau'n
Von meines Volks Geschick: — ihr habt gescherzt —
Ich seh's, — drum laßt sogleich mich wieder scheiden:
Die Freunde missen mich beim Sonnwendfest!

Fulvia
(in schreckhafter Erregung).

Bleib, bleib! Armin! Geh' nicht zum Sonnwendfest!

Armin
(für sich).

Ha, diese Angst! Dort, dorther droht Gefahr!
(laut)
Nein, ich versprach's, ich eile zu den Freunden.
(wendet sich nach der Thür. Fulvia hält ihn angstvoll fest.)

Fulvia.

Bleib, bleib! Armin! Geh' nicht zum Sonnwendfest!

Armin.

So sprich, weshalb? Zielt dahin dein Geheimnis?

Fulvia
(mischt Wein und Wasser in dem Goldbecher des Liebestranks).

Erst diesen Becher leere, theurer Gast,
Dann will ich mein Geheimnis dir verkünden.

Armin
(für sich, überlegend).

Gift? Nein! Sie selbst ja zittert für mein Leben!
Ein Liebestrank? Des lacht Thusnelden's Gatte!

(erhebt den Pokal und trinkt)

Des schönsten Weibes, das ich kenne, Heil!

Fulvia
(für sich).

Schon muß der Liebestrank sein Herz berauschen!

(zu Armin, diesen allmählich zu sich auf das Ruhebett nieder=
ziehend)

Willst du mir wohl des Weibes Namen nennen?

Armin
(ihr allmählich, scheinbar nachgebend, auf das Ruhebett folgend).

Das will ich! Aber dein Geheimnis erst!

Fulvia
(für sich).

Er liebt mich! Fulvia's Namen wird er nennen!
(zieht ihn ganz zu sich nieder)
Hör' mein Geheimnis denn, du stolzer Mann:
Ich liebe dich! Drum hab' ich dich geladen
Heut Nacht zu mir und fern vom Sonnwendfest.
Nenn' mir den Namen nun des schönsten Weibes!

Armin.

Sogleich, nur sag': weshalb just heute Nacht,
Weshalb zur Sonnwend hast du mich geladen?

Fulvia.

Weshalb, du Trauter? Weil mein Vater schrecklich
Heut' Nacht sein Netz zusammenzieht um euch.

Armin
(aufspringend).

Am Sonnwendfest! Ich ahne! Meine Freunde!

Fulvia.

Ja, eure Fürsten alle, die heut' Nacht
In ihren Waffen nach der alten Sitte
Trotz dem Verbot zum Feste sich versammeln

— Umstellt von zwölf Cohorten ist der Hain! —
In Ketten schickt sie Varus all nach Rom,
Nach Rom, zum Tod,
Und dich mit ihnen, kamst du mit zum Fest!

Armin
(an die Thür eilend und daran rüttelnd).

Hinweg! Hinaus! Nun gilt's, mein Volk erretten!

Fulvia
(hält ihn).

Umsonst! Ich laß' dich nicht! Du bist gefangen!
Die Thür ist fest verschlossen — du bist mein!

Armin
(vergeblich bemüht sich loszureißen).

Laß mich, unselig Weib! Ich muß hinweg!

Fulvia.

In meinen Armen halt' ich dich gefangen,
Ich habe dich gerettet — dich allein —
Doch auch für mich sollst du gerettet sein:
Sag' mir des schönsten Weibes Namen nun!

Armin

(hat im Ringen mit ihr das Fenster entdeckt: er schleudert nun Fulvia von sich, welche auf die Knie zusammenbricht, springt auf die Brüstung und reißt den Vorhang zurück).

Das schönste Weib? Du fragst noch, Römerin?

Das schönste Weib? Das ist mein Weib, Thusnelda!

Empfang' mich, heil'ge Nacht, auf weichen Schwingen!

Hoch ist der Sprung — hilf, Wodan, durch die Luft!

Ich muß — und wird's mein Tod — es gilt mein Volk!

(Fulvia sinkt vollends zu Boden. Armin springt in hohem Schwung hinaus.)

Zwischenvorhang. Verwandlung.

Dritte Scene.

Germanischer Opfer-Hain in dem Waldgebirg der Weser. Die ungeheuren Eichen verschlingen ihre Wipfel zu einem undurchdringlichen Laubdach. In der Mitte im Hintergrund unter einer riesigen Eiche, in deren Zweigen Fahnen (Thier=Häupter, Drachen= und Wolfsköpfe auf langen Stangen) stecken, ein aus großen Felsblöcken roh gefügter Altar: darauf ein großer cherner Opferkessel, unter welchem ein Feuer brennt. An den beiden zweiten Coulissen links und rechts werden später kleinere Feuer entzündet.

Die ganze Bühne ist von germanischen Priestern, Priesterinnen, Kriegern, Frauen gefüllt, auch die vier

Fürsten und Katwald —: alle Männer bewaffnet. Links im Vordergrund ein Gebüsch, in dem später Lucius lauscht, rechts vorn ebenfalls Gebüsch, hinter welchem später Armin, von den Germanen ungesehen, auftritt.

Alle.

Hört uns, heil'ge Heimatgötter,
Hoch im hehren Eichen-Hain.
Sonne, sende unsern Saten
Deinen süßen Segen-Schein.

Chor der Männer.

Weihet unsre Wehr und Waffen!

Chor der Frauen.

Weiht der Weiber Webewerk!

Chor der Männer.

Schenkt uns Sieg im Schwerterschwingen!

Chor der Frauen.

Hegt des Herdes Heiligkeit!

Chor der Männer.

Wodan und Donar,
Freir und Frô!

Chor der Frauen.

Baldur und Nanna!
Freia und Frigg!

Männer und Frauen.

Asen und Elben,
Hört uns und helft.

Albrun

(ganz weiß gekleidet, Mistelkranz im offnen Har, Goldgürtel und Armringe: schreitet mit langer Fackel vor und entzündet zuerst den Holzstoß neben dem Hauptaltar, auf welchem Baldur, aus Holz geschnitzt, mit Blumen überdeckt, liegt: dann wandelt sie nach rechts und links vor und entzündet die beiden kleinen Feuer, über welche sodann die Pare springen: sie singt unter diesen feierlichen Handlungen folgende Arie).

Albrun.

Trauer und Trübsal
Nahet nun nächtig
Männern und Maiden!
Siehe, des Sommers
Sonne, sie sank!
Blühender Baldur,
Ach, wie so balde
Bist du erblaßt.

Chor.

Blühender Baldur,
Ach, wie so balde
Bist du erblaßt!

Albrun.

Hoch doch in Hoffnung
Hebet die Herzen:
Nahm ja die Nacht nicht
Auf immer ihn uns.
Freudig im Frühling
Kehret der König
Des Lichtes lebendig,
Sonnig und siegreich,
Den Seinen zurück.

Chor.

Kehret der König
Des Lichtes lebendig,
Sonnig und siegreich,
Den Seinen zurück.

Albrun.

Und endlich auf ewig

Schwinden die Schatten
Der Noth und der Nacht:
Einst ist das Alter,
Da einzig im All
Leuchtend wird leben
Das labende Licht.

Chor.

Einst ist das Alter,
Da einzig im All
Leuchtend wird leben
Das labende Licht.

(Nachdem die Feuer von Albrun entzündet, treten zwanzig Pare Jünglinge und Mädchen zu dem in rhythmischem Reigentanz auszuführenden Sprung über und durch das Sonnwendfeuer an beiden Coulissen zusammen.)

Katwald

(in die Saiten greifend).

Über das Feuer und durch die Flammen
Waget sich echter Liebe Muth:
Schwingt euch über die Lohe zusammen:
Eia, die Gluth wächst in der Gluth.

(Tanz und Sprung der Pare.)

Chor.

Eia, die Gluth wächst in der Gluth!

Katwald.

Nimmer sich lassen, die echt sich theuer,

Halten verschlungen sich Hand in Hand:

Springen durch Feinde, Schwerter und Feuer:

Heil dir, Liebes- und Opfer-Brand.

(Tanz und Sprung der Pare.)

Chor.

Heil dir, Liebes- und Opfer-Brand.

Katwald.

Über das Feuer und durch die Flammen

Waget sich echter Liebe Muth:

Schwingt euch über die Lohe zusammen;

Eia, die Gluth wächst in der Gluth.

(Tanz und Sprung der Pare.)
(Die Pare verlassen, durch die hintersten Coulissen rechts und links abtanzend, die Bühne. Alle Anwesenden folgen ihnen, außer Katwald, den vier Fürsten und wenigen germanischen Kriegern; letztere bleiben aber vorläufig im Hintergrunde.)

Arpo
(vortretend).

Genug der Lust, des Festes und des Spiels!

Gedenkt des Ernst's! Gedenkt des hohen Ziels!

Die vier Fürsten.
Nicht länger tragen wir der Römer Joch!
Wir schlagen los! Nur Feigheit trägt es noch!

Katwald.
Harrt auf Armin!

Arpo.
   Wo bleibt er? Sprich! Sag' an!

Die Fürsten.
Er läßt von uns, der ungetreue Mann.

Arpo.
Die Römerin hat ihm den Sinn genommen.

Die Fürsten.
Er schwur, zum heilgen Götterfest zu kommen.

Arpo.
Berathen wollt' er mit uns heute Nacht,
Wie man bezwänge Varus Übermacht.

(Lucius und zwei Römer werden unbemerkt sichtbar im Gebüsch
links; — man muß annehmen, sie haben hinter sich die Cohorten;
 sie winken nach hinten Schweigen und Vorsicht.)

Arpo.
Wo bleibt er nun? Katwald, bethörter Sänger —
Wie lang' willst du ihm trau'n? Wir trau'n nicht länger!

Katwald.
Fest bau' ich auf Armin! Er kommt gewiß.

Lucius
(hat den nahenden Armin erblickt, leise zu den Römern).

Ja seht! Dort kommt er! Wehe dem Verräther!
Nun ging der stärkste, klügste Vogel auch
In Varus' Garn — jetzt zieh' das Netz ich zu.

Vierte Scene.

Vorige. Armin (tritt athemlos von rechts vorn auf, bemerkt Lucius).

Germanische Männer und Frauen (auch Albrun) betreten nach und nach wieder die Bühne.

Armin.
(Für sich) Ich ritt zu Tod mein Roß — noch kam ich recht!
In jenem Busche blinkt ein Römerhelm.
Jetzt gilt es List! Gilt, Freunden weh zu thun:
Soll ich sie retten, muß ich schwer sie kränken.

(Armin's starkes Gefolge tritt auf)

(laut)

Ja wohl, Armin, der Römer treuster Freund!

Verräther und Empörer, hab' ich euch?
So tretet ihr des Varus Wort mit Füßen?
Zur Nacht, in Waffen, habt ihr wieder euch
Geschart, geheim die Rebellion zu planen?
Gefangen nehm' ich All' euch, ihr Empörer,
In Ketten führ' ich euch dem Varus zu.

Alle.
Armin!

Arpo.
Verrath! Da siehst du nun, o Katwald,
Den Römling, den Verräther!

Lucius
(für sich).

Ist's sein Ernst?

Katwald.
Armin! Es kann nicht sein! Nie werd' ich's glauben!

Arpo
(zieht, und dringt auf Armin ein).

Noch blitzt mein Schwert!

Armin
(verwundet ihn am linken Arm und entwaffnet ihn).

Gieb dich! Du bist gefangen.

Albrun
(kniet vor Armin).

Laß nur den Sänger, aller Götter Liebling,
Ach, unser aller Liebling, laß entkommen, —
Nur Katwald, deinen Freund —

Lucius
(für sich).

Nun gilt's die Probe!

Armin
(nach innerem Kampf).

Nein! Nichts von Schonung! Alle müssen sterben!
Auch nicht den liebsten Herzensfreund zu retten,
Üb' ich an Varus und August Verrath!
Ergreift auch Katwald und führt ihn zum Tod!
(Alle Fürsten und Katwald werden von Armin's Gefolgen
umringt und gefesselt.)

Lucius
(und die Römer treten aus dem Gebüsch, — auf ihren Wink ein
starker Zug Römer von links).

Dies Wort, Armin, hat erst dich selbst gerettet;
Dem Varus meld' ich: treu erfand ich dich!
(Allgemeines Erstaunen der Germanen, scheinbar auch Armin's,
über der Römer Anwesenheit.)

Armin.
Du hier, Legat? —
Gieb mir noch Römer mit, gieb zwei Cohorten,
Auf daß ich sicher der Gefangnen sei:
Leicht auf dem Weg würd' sie das Volk befrei'n.
Ich führe sie sofort von hier zum Tod.

Lucius.
Wohin?
Armin.
Ganz in der Nähe liegt
Ein sichrer Waldverhau, mein Waffenplatz —:
Dort tödt ich sie.
Lucius.
Augustus wird dir lohnen.

Lucius und die Römer.
Heil Armin, dem Freund der Römer,
Der dem Varus die Empörer,
Selbst des Freundes nicht verschonend,
Hat zur Rache zugeführt.

Albrun, die Fürsten und Chor der Germanen.
Weh Armin, dem Volksverräther!
Fluch soll folgen seinem Namen,

Weil Germaniens Wälder rauschen,
Weil Germaniens Zunge tönt!

Während die Römer mit Lucius nach rechts, Armin mit den gefangenen Fürsten, den Cheruskern und einigen Römern nach links abziehen (stummes Spiel der Fürsten, Katwald's, Albrun's, und der Rest der Germanen auf der Bühne sein Entsetzen ausdrückt, —

fällt der Vorhang.

Vierter Aufzug.

Erste Scene.

Wachen Armin's an allen Eingängen. Hornrufe von außen. Armin führt von rechts durch einen schmalen Eingang seine Gefangenen mit zahlreicher cheruskischer Bedeckung und einzelnen römischen Heerführern in den Waffenplatz. Viele Cherusker tragen brennende Fackeln. Während die Gefangenen nach vorn schreiten, wendet sich Armin in den Hintergrund, seinen bei den Waffen aufgestellten Wachen leise Aufträge gebend.

Arpo.
Welch traurig Los!

Brinno.
Im Augenblick der That —

Arpo.
Der Freiheit Hoffnung!

Brinno.
Rafft uns hin der Tod.

Arpo.
Und nicht der Wodan-Tod!

Chor.
Und nicht der Tod der Schlacht!

Brinno.
Der Tod durch Henkerbeil!

Arpo.
Und nicht durch Römer-Hand!

Brinno.
Durch des Cheruskers schändlichen Verrath!

Alle vier Fürsten.
Fluch sei dem Neiding! Fluch dem Verräther!

Katwald.
Schrecklicher als des Todes Schrecken
Wäre des Freundes That zu ertragen!
Aber ich werde sie niemals glauben!

Alle.
Wie? Du vermagst noch, sie zu bezweifeln?

Katwald.

Bis mir im Tode stocket das Herz,
Werd' ich nicht zweifeln an Armin!
Tiefer als Andre in Menschengemüth
Schauet der Sänger, der Götter=Liebling:
Ja, und ich sag' euch:
Ist Armin ein Verräther der Seinen,
Dann zerreißt die Saiten, die Harfen zerschlagt,
Dann lüget die Liebe, dann lüget das Lied
Und es fallen vom Himmel die ewigen Sterne!

Armin

(hat seine Weisungen im Hintergrund beendet und diese Worte,
nachdem er sich leise genähert, gehört).

Das war ein Freundes= und ein Sängerwort,
Das that mir wohl, o Katwald, habe Dank.
Laß dir zuerst mich selbst die Bande lösen,

(er nimmt ihm die Ketten ab)

Da, nimm dein Schwert und nimm dein Saitenspiel,

(er reicht ihm beide)

Ja, — du sprachst wahr:

Verrathen nicht, gerettet hab' ich euch).

Nehmt eure Waffen, Brüder — ihr seid frei.
(Die Ketten werden den vier Fürsten von den Cheruskern abgenommen und ihnen die Waffen wiedergegeben. Die [wenigen] römischen Centurionen machen eine drohende Bewegung.)

Armin
(zu seinen Cheruskern).

Ergreift die Römer dort! Nehmt sie gefangen!
(die Römer werden abgeführt)

Arpo.

Armin! Wär's möglich!

Die vier Fürsten.

Unrecht that ich dir.
Verzeih' uns allen! Sieh uns vor dir knien!
(Armin erhebt sie)

Arpo.

Noch faß' ich's nicht — das Wie — doch ahn' ich Viel

Katwald
(jauchzend).

Heil mir! ich habe nie an dir gezweifelt!
Nicht athmen könnt' ich mehr, hätt' ich gewankt.
Armin, mein Freund, mein Stolz — an deine Brust!
(Umarmung.)

Armin.

Verloren wart ihr, rettungslos verloren,
Nachdem ihr fielet in des Varus Garn,
Wenn Er euch, nicht Armin, gefangen nahm.
Weit von den Feinden mußt' ich fort euch führen!
Vergieb mir, Arpo, deines Armes Wunde:
Ich schlug die Linke nur: denn jetzt ist Zeit,
Daß wir des tapfren Marsen Rechte brauchen.

Alle.

So willst du jetzt zum Kampf, zum Sieg uns führen?

Armin.

Ja, Freunde, ja! Jetzt kam der Tag der Rache!
Hört meinen Plan und Varus Untergang.
Euch wähnt er todt, — Armin sich blind ergeben.
Ein Aufstand tief im Bergwald lockt ihn fort
Von seinen festen Lagern und Castellen.
Ihr wißt, wo unwegsam in Urwald=Schrecken
Aus Sümpfen steigt der Wald von Teutoburg?
Dorthin muß Varus mit den Legionen!
Ihr Todtgeglaubten überfallt ihn vorn.
Er ruft nach mir — der seinen Rücken deckt;

Er ruft Armin — Armin soll ihn befrein:
Doch schrecklich von den wald'gen Bergen
Bricht unser Heer auf ihn herein,
Bricht auf ihn ein Armin und das Verderben
Und bis an's Heft tauch' ich in Römerblut
Dies Schwert! —

Katwald
(hochbegeistert in die Harfe greifend).

Heil dir Armin! Du wirst Germanien retten!
In fernsten Tagen preist dich noch dein Volk —
Dein Name wird im Lied der Sänger leben:
Unsterblich wie ein Halbgott wirst du sein!

Armin
(die Vorhänge seines Arsenals öffnend).

Seht hin! Seit Jahren sorglich aufgehäuft
Hab' ich hier Waffen, Waffen ohne Zahl:
Nehmt Römer-Waffen, besser als die unsern,
Nehmt Römer-Waffen, Römer zu verderben.

(Alle eilen tumultarisch nach hinten, wählen sich Waffen, und stürmen, dieselben schwingend, wieder nach vorn. Gruppe: Waffen erhoben; Armin in der Mitte.)

Armin.

Schwört auf dies Schwert! Kein Friede mehr mit Rom.

Nicht eher nieder legen wir das Eisen,
Bis daß Germania frei vom Römerjoch!

Katwald, die Fürsten und Chor.
Kein Friede mehr mit Rom.
Nicht eher nieder legen wir das Eisen,
Bis daß Germania frei vom Römerjoch!

Armin.
Der sei verflucht, den Schrecken Hels geweiht,
Der Schonung oder Friede räth für Rom.
Denkt, wie sie unsere Rechte zertreten —
Wie sie die freien Männer gegeißelt,
Wie sie den heiligen Herd uns besudelt,
Wie sie die heiligen Haine verbrannt!

Alle.
Rache! Freiheit! Führ' uns Wodan,
 Gott des Sieges! Gott der List!
Weh dir, Cäsar, weh dir, Varus,
 Weh Legionen über euch!

Ein Bote meldet leise Katwald eine Nachricht: dieser eilt zu Armin.

Katwald.
Auf, auf, Armin, nicht nur Germania,

Dein Weib, Thusnelda, gilt es zu befrein.
Dein Haus ward überfallen heute Nacht,
Thusnelda ward als Geißel fortgeführt
Von Römern: Fulvia, sagt man, sandte sie.

Armin.

Da sagt man recht, ich fühl's! wohlauf, ihr Freunde,
Zwingt Varus nieder, nieder die Legionen, —
So wird Thusnelda mit Germania frei.

Chor
(wiederholt).

Rache! Freiheit! führ' uns, Wodan!
Weh Legionen über euch!

(Vorhang fällt.)

Verwandlung:

Das Schlachtfeld im Teutoburger Wald. — Vorn links Zelt des Varus. Im Mittelgrund Gebüsch und ein hoher praktikabler Hügel, der sich quer über die Bühne zieht. Im Hintergrund die finstern dichtbelaubten Höhen des Teutoburger Waldes.

Zweite Scene.

Varus. Lucius. Römische Krieger, lagernd, stehend, auf ihre Speere gestützt, viele Verwundete darunter: man sieht, der Kampf hat schon mehrere Tage gewährt.

Varus schläft. Die Musik deutet den Inhalt seines gleich
zu erzählenden Traumes an. — Nach geraumer Zeit fährt
Varus erwachend aus dem Schlaf.

Varus.

Welch furchtbar schwerer Traum!
Ihr Götter Rom's, o wendet ab das Omen!
(zu Lucius)
Entschlafen war ich, müd' von Weg und Kampf.
Da sah ich Rom's hoch ragend Capitol
Im Sonnenglanz des Sieges vor mir strahlen;
Doch plötzlich stieg schwarz Nordgewölk empor:
Wie Sturmgeheul durch Eichen-Urwald rauscht,
Scholl's um mich her: es sank das Capitol;
Ein ungeheurer Sumpf von rothem Blut
Verschlang die Adler und die Zinnen Roms.
Und aus den Wäldern der Germanen brach
In Waffenglanz ein unbezwingbar Heer.
Ein Jüngling, herrlich wie der Kriegsgott selbst,
Führt' ihren Ansturm: „Weh' dir Varus!" scholls,
„Schau dein Verderben! todt sind die Legionen!"
Er schlug den Helm zurück — es war Armin!
Aufschreiend sprang ich auf! Wo ist Armin?

Lucius.

Armin ist dir getreu. Er deckt die Nachhut
Mit der Cherusker Heer.

Dritte Scene.
Vala mit Kriegern von links.

Vala.

Auf, Varus, hilf!
Sie greifen wieder unsre Vorhut an.
Und weißt du, wer der Feinde Führer sind?
Die Fürsten, die Armin gefangen nahm.

Varus.

Das kann nicht sein. Lang todt sind die Empörer;
Führ' ich als Geisel doch mit mir sein Weib,
Und unsern Rücken decken die Cherusker.
Auf, meine Römer: Varus führt euch selbst,
Oft schlugt ihr sie — schlagt nochmals die Barbaren.
(Varus, Lucius, viele Römer ab nach links.)

Vierte Scene.
Fulvia (mit Sklavinnen von rechts). Vala. Römer.

Vala.

Ihr habt euch, Fulvia, kühn in's Feld gewagt.

Fulvia.

Nicht litt es mich daheim in öder Burg:
Den sichren Sieg des Vaters wollt' ich schau'n,
Denn niemals kam er sieglos noch vom Kampf.

(für sich)

In des Geliebten Nähe zog es mich.
Mag er mich hassen: — ich — ich lieb' ihn doch.
Und hass' ihn zwischen durch — getheilten Herzens.

Vala.

Kaum ward der Arm mir heil vom Schwert Armins.
Segest liegt schwer getroffen noch im Haus.
Könnt' ich dem Brautentführer doch vergelten!

Fünfte Scene.

(Varus, schwer verwundet, stürzt in wilder Verzweiflung
auf die Bühne. Einige seiner Römer. Vorige.

Varus.

Wahr ist es, wahr! Die Fürsten sind nicht todt.
Schwer traf mich Arpo's Schwert. Die Meinen weichen.

Soll doch Armin —? Auf, sendet nach Armin!
Ruft ihn, zu helfen! Sonst sind wir umzingelt.
Wo ist Armin?

Sechste Scene.

Vorige. Armin mit einigen Cheruskern auf dem Hügel im Mittelgrund.

Armin.

Hier ist Armin, o Varus!
Schau dein Verderben! Schon sanken zwei Legionen.
Die dritte fällt von der Cherusker Schwert!
Germania frei! Weh Varus! Wehe Rom!

Varus.

Verräther, sprich, ist das Germanentreue?

Armin.

Nein, Römertreu' ist das, Quinctilius Varus!
Wie? Rom und Römer zählen noch auf Treue?
Wer hat Verrath geübt an allen Völkern,
Treubruch und List, Meineid und Heuchelkunst?
Rom und Verrath — treulos und Rom sind Eins!

Nun kam, nachdem ihr List gefrevelt lang,
Ein größrer Überlister über euch,
Der Geist, den Wodan den Germanen gab!
Schau dein Verderben! Zwei Adler sind schon unser,
Den dritten, letzten nehm' ich jetzt!
(dringt auf den links sichtbaren Adlerträger der Römer ein und tödtet ihn, Lucius nimmt ihn dem sterbenden aquilifer ab, Armin drängt Lucius fechtend links hinaus.)
(Armin, Cherusker, Lucius, Römer ab.)

Siebente Scene.

Vorige ohne Armin und Lucius.

Varus.

Cäsar Augustus!
Drei Legionen hab ich dir verloren:
Den Feldherrn straf' ich, der so schwer gefehlt.
Nicht fall' ich lebend in Barbarenhand.
Komm, Fulvia, Römerin — thu' du mir gleich.
(stürzt sich in sein Schwert und wankt in die Koulisse links vorn ab.)

Vala.

Wir sind verloren.

Fulvia.

Ja, wir wollen sterben:
Doch mit uns stirbt des Schlangenfalschen Weib.
Sie soll den Sieger lachend nicht begrüßen!
Im Frauen=Zelt als Geisel weilt sie: rasch,
— Auch du hast Grund zur Rache — tödte sie.

Bala.

Ja, du sprichst wahr! Der Sieg sei ihm vergällt.
(ab nach rechts)

Fulvia.

Göttin der Liebe — dir hab ich geliebt:
Göttin der Liebe — dir will ich sterben!
Nimm dies Herzblut, nimm mein Leben
Als ein herrlich Opfer hin!
(ersticht sich wie Varus, ab.)

Achte Scene.

Römer flüchten von links nach rechts, dann von rechts hinten über die Bühne nach links vorn. — Eindruck des Um= schlossenseins von allen Seiten. — Als die Bühne leer, zerrt

Vala mit einigen Römern die gefesselte Thusnelda an den Händen aus der Coulisse rechts vorn den Hügel hinauf.

Vala.

Warte, Thusnelda, treulose Braut!
Fall' ich hier elend durch List des Barbaren,
Sollst du mir theilen das blutige Bett!

Thusnelda
(mit ihm ringend).

Helfer, ihr Götter! Hilf mir Armin!
(Vala zückt das Schwert gegen sie, da erscheinen zugleich)

Neunte Scene.

Katwald von rechts, Armin, einen Adler in der Linken, von links, dringen durch die Römer und erschlagen zugleich mit zwei Streichen Vala.)

Katwald.

Nieder, du Bube!

Armin.

Gerettet, Thusnelda.

Thusnelda.

Mein Held! mein Armin!

(Umarmung.)

—

Zehnte Scene.

Vorige. Die vier Fürsten, Germanenkrieger, auch Frauen, von allen Seiten hereinstürmend, gefangene Römer vor sich her stoßend, auch Beutestücke schleppend, zwei Adler, Cohortenfahnen.

Arpo
(mit dem zweiten Adler).

Sieg! Armin!

Brinno
(mit dem dritten Adler).

Sieg! Sieg! und Freiheit!

Chor.

Hier die Adler!

Arpo.

Todt liegt Varus!

Brinno.

Todt, gefangen Liegt der Römer ganzes Heer!

Chor.
Drei Legionen!

Arpo.
Die Hilfscohorten!

Brinno.
Die Reitergeschwader!

Chor.
Das Lager! Die Schätze!
Alles ist unser!

Katwald.
Dank den Göttern, Heil dem Helden,
Dessen Geist den Sieg ersann.

Chor
(wiederholt).
Dank den Göttern! Heil dem Helden,
Dessen Schwert den Sieg gewann.

Armin.
Die Schlacht ist geschlagen,
Zermalmt ist der Feind:
Sieg krönt die Germanen,
Die Treue geeint!

Die Hände zum Bunde,
  Reicht freudig sie dar:
Und danket der Stunde
  All Immerdar,
Da der Stolz der Legionen
  Germanischem Schlag,
Dem Bunde der Völker
  Und Fürsten erlag:
Wie wir alle entstammen
  Germanengeschlecht,
So stehen wir zusammen
  Für Freiheit und Recht:

} Chor wiederholt.

Katwald

(tritt ganz vor und singt begeistert zur Harfe, welche ihm ein Cherusker reicht: zahlreiche Harfenschläger, 6—12, treten vor und begleiten seinen Gesang:)

Auf, Siegesgesang!
Fleuch wolkenentlang,
  Wie rauschendes Adlergefieder,
Daß hoch in Walhall
Die Einheriar all
  Auflauschend schauen hernieder!

Seid bedanket zuvor,
Ihr Wodan und Thor,
Ihr fochtet für eure Söhne:
Im Eichengebraus,
Im Sturmesgesaus,
Wir erkannten die göttlichen Töne.

In der Wolken Gebild,
Mit Speer und Schild,
Die Walküren sahen wir jagen:
Wie der Schnitter das Korn
Hat der Himmlischen Zorn
Die Fremdlinge niedergeschlagen.

Nicht Lager und Wall,
Nicht die Kriegskunst all',
Nicht sollte den Stolzen sie frommen:
Ha, die Pforten erzwängt,
Die Cohorten zersprengt
Und die Adler, die Adler genommen.

Auf der Götter Altar
Bringt die Fahnen dar,
Deren Rauschen die Wälder entehrte:

Die Legionen sind todt,
Und vom Herzblut roth
  Liegt Varus im eigenen Schwerte.

Heil dem Helden Armin!
Auf den Schild hebet ihn!
  (es geschieht feierlich: Gruppe)
  Zeigt ihn den unsterblichen Ahnen:
Solche Führer, wie er,
Gieb uns, Wodan, mehr —
  Und die Welt, sie gehört den Germanen!

Armin auf dem Schild erhebt das Schwert: (Bild des Hermanns=
denkmals.) Allgemeine Erhebung der Waffen. Gruppe.

Vorhang fällt.